BEI GRIN MACHT SICH IHR WISSEN BEZAHLT

Heinrich V. und die Staufer. Analyse des Verhältnisses

Katharina Düsterwald

GRIN ☺

Bibliografische Information der Deutschen Nationalbibliothek:

Die Deutsche Nationalbibliothek verzeichnet diese Publikation in der Deutschen Nationalbibliografie; detaillierte bibliografische Daten sind im Internet über http://dnb.d-nb.de abrufbar.

ISBN: 9783346580948
Dieses Buch ist auch als E-Book erhältlich.

© GRIN Publishing GmbH
Nymphenburger Straße 86
80636 München

Druck und Bindung: Books on Demand GmbH, Norderstedt Germany
Gedruckt auf säurefreiem Papier aus verantwortungsvollen Quellen

Das Buch bei GRIN: https://www.grin.com/document/1169876

Inhaltsverzeichnis

1. Einleitung

Die Staufer waren eine Herrscherdynastie, die innerhalb eines relativ kurzen Zeitraums in der Gesellschaft des Mittelalters aufstieg und bis zur Königs- und Kaiserwürde gelangte. Unter Heinrich IV. begann die Etablierung der Familie in Fürstenkreisen und die Verbindung zum Herrscher festigte sich in den folgenden Jahren. Unter Heinrich V. erarbeitete sich vor allem Friedrich II. von Schwaben eine angesehene Stellung in Reich und Fürstenkreis und baute den Einfluss seines Herzogtums sukzessive aus. Dennoch prägten zahlreiche Konflikte den Aufstieg der Staufer, deren Weg zu Königs- und Kaiserwürden von Herausforderungen durchdrungen war und nicht immer linear verlief. Insbesondere der Zeitraum unter der Herrschaft Heinrichs V. war für den Aufstieg der Staufer von großer Bedeutung und die Betrachtung dieser Thematik ist insofern relevant, dass die Forschung die Beschäftigung mit der Zeit Heinrichs V. lange vernachlässigt hat.

Es gilt zu untersuchen, wie das Verhältnis zwischen Heinrich V. und den frühen Staufern geprägt war und auf welche Weise diese vor allem in reichspolitischer Hinsicht ihre Stellung im Reich ausbauten, festigten und schließlich die Herrschaft übernahmen.

Die Beziehung zwischen Heinrich V. und den Staufern war einerseits durch Verwandtschaft und Loyalität geprägt, die wachsende Eigenständigkeit der Fürsten und die Integration vor allem Herzog Friedrichs II. von Schwaben in die Interessensphäre der Großen stand mit zunehmend ausgeprägtem Autonomiestreben jedoch andererseits auch in Widerspruch zum Willen Heinrichs V. und schuf ein ambivalentes Verhältnis. Die Königsnähe eröffnete den Staufern weitreichende Aufstiegsmöglichkeiten, deren Erfolg jedoch immer wieder in Gefahr geriet.

In der neueren Forschung hat vor allem Jürgen Dendorfer eine neue Perspektive auf die Staufer unter Heinrich V. eröffnet, indem er Kritik an der einseitigen Darstellung in der Gesta Frederici übt und die Königsnähe der Staufer zu Heinrich V. genauerer Betrachtung unterzieht, indem er ihre Präsenz am Königshof anhand der Zeugenlisten der Königsurkunden untersucht. Dennoch sind sowohl die Gesta Frederici als auch die Chronik des Bischofs Otto von Freising bedeutende Quellen, die Aufschluss über den zu untersuchenden Zeitraum geben, auch wenn sie, wie alle erzählenden Quellen, von subjektiver Darstellungsweise geprägt und daher nicht kritiklos zu übernehmen sind. Eine weitere Quelle zum Aufstieg der Staufer findet sich in der Chronik Ekkehards von Aura.

Im Folgenden soll zunächst die Herkunft der Staufer geklärt und die Verbindung zu den Saliern erläutert werden. Anschließend wird der Aufstieg der Staufer von den Anfängen mit Friedrich I. von Schwaben unter Heinrich IV. beleuchtet, es folgt schwerpunktmäßig die Darstellung des Aufstiegs der Staufer unter Heinrich V. und der in Bezug darauf divergierenden Schilderung der historiographischen Quellen. Besonders Bezug genommen wird unter anderem auf die Bedeutung der Reichsstellvertreterschaft 1116-1118.

2. Herkunft der Staufer

Um den Aufstieg der Staufer zu untersuchen, müssen zunächst einmal ihre Herkunft und ihre Namensbezeichnung genauer in den Blick genommen werden. Die Bezeichnung als Staufer ist vor allem eine nachträgliche Namenszuschreibung, die aus der Zugehörigkeit der Familie zum Stammsitz auf der Burg Staufen resultiert und in zeitgenössischer Kommunikation als Herkunftsbezeichnung kaum eine wesentliche Rolle spielte. Die unter diesem Begriff gefassten Personen selbst nutzten den Namen selbst im Regelfall nicht.[1]

Die Abstammung der Staufer ist nur schwerlich rekonstruierbar, da besonders in Hinsicht auf die männliche Linie der Vorfahren kaum Quellen vorhanden sind, die Aufschluss darüber geben würden. Das Selbstverständnis der Staufer war von Rangbewusstsein gekennzeichnet und Verwandtschaftsbeziehungen, die das Ansehen steigerten, wurden hervorgehoben, doch prestigeträchtiger als die männlichen Vorfahren, war die Linie der weiblichen Vorfahren. In Bezug darauf spielt vor allem die Heirat Herzog Friedrichs I. von Schwaben mit der Kaisertochter Agnes eine zentrale Rolle, durch die eine bedeutende Verwandtschaftsverbindung mit den salischen Kaisern konstituiert wurde, die später auch von staufischen Herrschern als Legitimationsgrundlage genutzt wurde.[2] Die Tatsache, dass Friedrich die Kaisertochter Agnes zur Frau erhielt, weist ebenfalls darauf hin, dass er bereits zuvor zu den höher gestellten, adligen Familien im Reich gehört haben muss, die Heirat selbst steigerte sein Prestige und seine Machtgrundlage noch erheblich.[3]

Zur Abstammung der Staufer väterlicherseits besteht die einzige Quelle in der Ahnentafel des Abts Wibald von Stablo, in der einige spärliche Informationen zu den männlichen Vorfahren überliefert sind. Dieses Dokument wurde angefertigt als Friedrich Barbarossa seine erste Ehe

---

[1] vgl. Görich, Knut: Die Staufer. Herrscher und Reich, München 2011³ (im Folgenden zitiert als: Görich: Staufer), S. 19f.
[2] vgl. Görich: Staufer, S. 20.
[3] vgl. Schwarzmaier, Hansmartin: Die Welt der Staufer. Wegstationen einer schwäbischen Königsdynastie, Leinfelden-Echterdingen 2009 (im Folgenden zitiert als: Schwarzmaier: Staufer), S. 16.

auflösen lassen wollte und als Begründung dessen eine zu nahe Verwandtschaft mit seiner Frau nachweisen musste. Dazu war es notwendig, seine Herkunft genauer zu rekonstruieren.[4] Doch auch hier finden sich nur die Nachweise, dass Friedrich I. von Schwaben der Sohn eines Friedrich von Büren war, der wiederum als Sohn eines Friedrich erscheint. Es ist davon auszugehen, dass in der Familie der jeweils älteste Sohn immer den Namen Friedrich trug.[5]

Zum Besitz der Staufer zählten vor der Erlangung des Herzogtums vor allem die Gegend um Hohenstaufen, Wäschenbeuren, Lorch und Teile des Elsass. Damit war die Besitzgrundlage der Staufer noch nicht besonders ausgedehnt, was zeigt, dass der Ausbau von Einfluss und Besitz erst unter Heinrich IV. und Heinrich V. in großem Umfang innerhalb eines relativ kurz gefassten Zeitrahmens vonstatten ging.[6]

3. Der Übergang des Herzogtums Schwaben in die Hand der Staufer

Ein wichtiger Autor zur Stauferzeit war der Bischof Otto von Freising. Dieser war ein Halbbruder Friedrichs II. von Schwaben und König Konrads III. Er verfasste vor allem zwei zentrale Werke, die Chronika und die Gesta Frederici und schrieb darin aus zeitversetzter Perspektive zur Zeit Friedrich I. Barbarossas über den Aufstieg der Staufer. Zu beachten ist dabei, dass sein Werk stark subjektiv geprägt ist und dem Lobpreis und der Legitimation Friedrich I. Barbarossas dienen sollte. Daher werden die Taten der Staufer in positivem Licht dargestellt und negative Aspekte entweder nicht erwähnt oder aber positiv interpretiert. Otto von Freising war aus seiner zeitlichen Perspektive klar, wie der Geschichtsverlauf vonstatten gegangen war und zum Kaisertum der Staufer führte, sodass er seine Darstellung darauf ausrichtete.[7]

Die erste bedeutsame Erwähnung der Staufer wird auf das Jahr 1079 datiert, in dem Kaiser Heinrich IV. dem Grafen Friedrich das Herzogtum Schwaben verlieh. In einer Situation, in der Heinrich IV. durch die Wahl des Gegenkönigs Rudolf von Rheinfelden in Bedrängnis geraten war und die Konflikte mit den Fürsten des Reiches sich verschärften, überantwortete er Friedrich I. von Schwaben ein Herzogtum, dass dieser sich erst einmal zu eigen machen musste, ihm jedoch die Möglichkeit des Ausbaus von Besitz, Macht und Ansehen bot. Heinrich IV. bezeichnete Friedrich laut der Gesta Frederici als „Beste[n] der Männer, den [er]

---

[4] vgl. Schwarzmaier: Staufer, S. 19.
[5] vgl. Akermann, Manfred: Die Staufer. Ein europäisches Herrschergeschlecht, Stuttgart 2003³, S. 14f.
[6] vgl. Engels, Odilo: Die Staufer, Suttgart/Berlin/Köln 1998 (im Folgenden zitiert als: Engels: Staufer), S.10.
[7] vgl. Schwarzmaier: Staufer, S. 35-40.

unter allen im Frieden als den treuesten und im Kriege als den tapfersten erkannt habe"[8] und gab ihm den Auftrag zur „Niederwerfung der Feinde des Reichs"[9]. Als Auszeichnung für bisherige und Motivation für zukünftige Verdienste, gab Heinrich IV. dem Staufer zugleich seine Tochter Agnes zur Frau: „Ich werde dir also meine einzige Tochter (Agnes) zur Ehefrau geben und dir das Herzogtum Schwaben"[10]. Durch die Ehe mit der Kaisertochter wurde damit zugleich eine enge Verwandtschaftsbeziehung zu den Saliern geknüpft, die auch in Bezug auf Erbansprüche in der nächsten Generation noch bedeutend wurden.

Die Motivation Heinrichs IV., das Herzogtum Schwaben an Friedrich zu vergeben, war vermutlich ein strategischer Schachzug als Resultat der politisch bedrängten Situation, in der sich der Kaiser befand. In Konfrontation mit dem Gegenkönig Rudolf von Rheinfelden musste Heinrich IV. befürchten, dass dieser eine Verbindung zwischen Sachsen und Schwaben herstellen und damit seinen Machtbereich bedeutend erweitern würde. Zudem hatte der Kaiser Rudolf von Rheinfelden das Herzogtum bereits entzogen, was sich bis dahin jedoch praktisch nicht umgesetzt hatte, denn der Gegenkönig behauptete seinen Einfluss in Schwaben. Daher kann die Vergabe des Herzogtums an Friedrich als Versuch gesehen werden, durch ihn eine Barriere in Schwaben zu installieren, welche die Gegner Heinrichs IV. in Schach halten würde. Dazu passt auch die Auftrag des Kaisers zur „Niederwerfung der Feinde des Reichs"[11]. Friedrich sollte als Herzog von Schwaben die angespannte Lage dort zugunsten Heinrichs IV. bereinigen. Gleichzeitig war dies die einzige Möglichkeit für Friedrich, seinen Herrschaftsanspruch im Herzogtum durchzusetzen. Die Heirat mit Agnes war zudem eine weitere Maßnahme, die Bindung des Staufers an das Königshaus zu verstärken und sich seiner Loyalität zu versichern. Zugleich bedeutete sie für den Staufer einen sozialen und politischen Aufstieg in der Hierarchie des Reiches. Diese Umstände der Übertragung des Herzogtums an den Staufer zeigen die gegenseitige Abhängigkeit, in die sich Staufer und Salier damit manövrierten. Denn während Heinrich IV. eine starke Hand benötigte, die in seinem Namen seine Gegner bekämpfte, war auch der Staufer darauf angewiesen, sich der königlichen Interessen anzunehmen und Heinrich IV. bei seine Unternehmungen hilfreich beiseite zu stehen, sofern er sich gegen seine Konkurrenten

---

[8] Bischof Otto von Freising und Rahewin: Die Taten Friedrichs oder richtiger Cronica, übers. von Adolf Schmidt, hg. von Franz-Josef Schmale (Ausgewählte Quellen zur deutschen Geschichte des Mittelalters / Freiherr vom Stein-Gedächtnisausgabe 17), Darmstadt 1965 (im Folgenden zitiert als: Freising: Taten Friedrichs), S. 145.
[9] Freising: Taten Friedrichs, S. 145.
[10] Freising: Taten Friedrichs, S. 145.
[11] Freising: Taten Friedrichs, S. 145.

behaupten und seinen Machtbereich ausweiten wollte.[12] Diese Konstellation blieb zunächst auch unter Heinrich V. bestehen.

In der Folge musste Friedrich I. von Schwaben seinen Einfluss im Herzogtum zunächst einmal gegen Berthold, den Schwiegersohn des Rudolf von Rheinfelden, durchsetzen, der Anspruch auf Schwaben erhoben hatte. Er erreichte, dass „Berthold auf das Herzogtum verzichtete, aber dafür Zürich [...] als Besitz erhielt"[13]. Berthold führte weiterhin den Titel Herzog, hatte aber keine faktische Verfügungsgewalt über ein Herzogtum. Dies zeigt, dass Friedrich von Schwaben zunächst um die Anerkennung als Herzog kämpfen und seine Ansprüche gegen die konkurrierenden Zähringer und Welfen verteidigen musste. Durch die Erhebung zum Herzog durch Heinrich IV. wurde jedoch die Grundlage geschaffen, um Macht- und Herrschaftsbildung durch die Staufer zu ermöglichen. In der Folgezeit musste Friedrich seine Anstrengungen darauf richten, die Machtbasis seines Herzogtums mittels Landes- und Besitzausbau zu erweitern und ein großräumiges Herrschaftsgebilde zu etablieren.[14] Dennoch war die Ausgangslage kompliziert und es gelang ihm nicht, seine Rivalen vollends zu verdrängen. Stattdessen wurde zwischen 1096 und 1098 ein Kompromiss geschlossen, indem die drei konkurrierenden Familien Schwaben in drei eigenständige Bereiche aufteilten und ihren jeweiligen Status gegenseitig anerkannten. Zähringer und Welfen waren in der Folge ebenfalls dazu berechtigt, in ihrer jeweiligen Einflusssphäre herzogliche Rechte geltend zu machen.[15] Die Interessensgebiete der Familien blieben jeweils gewahrt und grenzten sich voneinander ab. Auch Heiratsverbindungen sollten in der Folge ein friedliches Nebeneinander ermöglichen. Sowohl der Zähringer Berthold III. als auch Friedrich II. von Schwaben, der Sohn Friedrichs I., ehelichten Töchter des Welfen Heinrich des Schwarzen.[16]

In reichspolitischer Hinsicht war Friedrich I. von Schwaben an zahlreichen militärischen Aktivitäten an der Seite Heinrichs IV. beteiligt. Kennzeichnend für ihn waren vor allem sein Engagement und seine Nähe zum Königshof. Seine Verbindung zu Heinrich IV. war Grundlage seiner Bemühungen um die Behauptung von Amt und Machtpositionen.[17] Als Friedrich I. von Schwaben starb, hinterließ er die Söhne Friedrich und Konrad, die zum Zeitpunkt seines Todes fünfzehn und dreizehn Jahre alt waren. Friedrich II. wurde als älterer

---

[12] vgl. Engels: Staufer, S. 15-17.
[13] Freising: Taten Friedrichs, S. 147.
[14] vgl. Schreiner, Klaus: Die Staufer als Herzöge von Schwaben, in: Württembergisches Landesmuseum Stuttgart (Hrsg.): Die Zeit der Staufer. Geschichte - Kunst - Kultur, Stuttgart 1977 (im Folgenden zitiert als: Schreiner: Staufer), S. 7-19, hier: S.7f.
[15] vgl. Schreiner: Staufer, S. 9.
[16] vgl. Engels: Staufer, S. 19.
[17] vgl. Schwarzmeier: Staufer, S. 16f.

Sohn Nachfolger seines Vaters im Herzogtum Schwaben, während kurz darauf Heinrich V. seinem Vater Heinrich IV. nachfolgte und somit die Herrschaft an die nachfolgende Generation überging.[18]

4. Die Staufer unter Heinrich V.

4.1 Das Verhältnis von Heinrich V. und den Staufern in der Gesta Frederici

In Bezug auf das Verhältnis zu Heinrich V. schildert Otto von Freising, dass Friedrich und Konrad treu an dessen Seite standen und ihre Loyalität auch in Konfliktsituationen standfest bliebt. Er schrieb:

> Als „das Reich zerfiel [...] [gab es] außer dem Herzog Friedrich und seinem Bruder sowie dem Pfalzgrafen bei Rhein, Gottfried, kaum Fürsten [ ], die sich nicht gegen den Kaiser empörten. Wie viele und welch große der Schilderung würdige Taten der hochedle Herzog Friedrich von Schwaben damals in Gegenwart des Kaisers oder, während dieser in Italien weilte, vollbracht hat, wollen wir nur kurz berichten"[19]

Diese Darstellung zeigt einerseits die Königsnähe, die Friedrich II. an dieser Stelle unterstellt wird und hebt andererseits auch seine Treue und die positiven Eigenschaften hervor, was vermutlich in Teilen auch Otto von Freisings Intention geschuldet ist, die Vorfahren Friedrich I. Barbarossas in ein positives und ehrenhaftes Blickfeld zu rücken. Während andere Fürsten vom Kaiser abfielen, seien die Staufer unerschütterlich an der Seite Heinrichs V. geblieben und hätten diesen unterstützt.

Friedrich war „im Kampf mutig, in Geschäften einfallsreich, in Miene und Gemüt heiter, seine Rede war höflich, und im Schenken war er so freigiebig, daß ihm deswegen eine große Menge von Kriegern zuströmte"[20]. Dieses Bild, das in der Gesta Frederici konturiert wird, ist eines, das ein Übermaß an Tugend und Tapferkeit suggeriert und jegliche negativen Aspekte außen vor lässt.

Außerdem wird von Otto von Freising die Beziehung der Staufer zu Heinrich V. und auch die Kontinuität der Verbindung zu den Saliern und der Treue der Staufer ihnen gegenüber immer wieder hervorgehoben. So sei Friedrich, wie schon sein Vater unter Heinrich IV.:

---

[18] vgl. Freising: Taten Friedrichs, S. 149.
[19] Freising: Taten Friedrichs, S. 152f.
[20] Freising: Taten Friedrichs, S. 153.

„dem Kaiser ein so grosser Vasall, dem Oheim ein so nützlicher Freund, daß er mit seiner Tüchtigkeit das erschütterte Ansehen des Reichs durch seinen mannhaften Kampf gegen dessen Feinde so lange aufrechterhielt, bis die mit ihrem Haupt zerfallenen Glieder durch Unterwerfung unter den Kaiser in sich gingen"[21].

Hier stellt Otto von Freising stark die Königsnähe Friedrichs heraus, die von enger Zusammenarbeit, Treue und Loyalität geprägt gewesen sei. Ebenfalls sei es demnach Friedrich zu verdanken, dass die Konflikte Heinrichs V. mit seinen Feinden zu dessen Gunsten beigelegt werden konnten.

An dieser Stelle findet eine Parallelisierung zu Herzog Friedrich I. von Schwaben und dessen Verhältnis zu Heinrich IV. statt und die Staufer werden als enge Vertraute und Gefolgsleute der salischen Herrscher charakterisiert. Dieser Darstellung liegt die Intention Otto von Freisings zugrunde, Friedrich Barbarossa als legitimen Nachfolger der Salier zu kennzeichnen, der einer Kontinuität der Verbindung der Staufer mit dem Königshof folgt.[22] Aus diesem Grund ist die Charakterisierung der Staufer in der Gesta Frederici durchweg positiv konnotiert und fokussiert sich auf die besondere Nähe zu Heinrich V., lässt dabei aber widersprüchliche Ereignisse und mögliche Wandlungen im Beziehungsgefüge außen vor.

4.2 Die Reichsstellvertreterschaft 1115/16

4.2.1 Definition des Reichsvikariats

Ein weiterer Beleg für die enge Verbindung des Kaisers zu den Staufern ist in der Reichsstellvertreterschaft ab dem Jahr 1116 zu finden.

Im Jahr 1115 starb die Markgräfin Mathilde von Tuszien und Heinrich V. entschloss sich daraufhin im Jahr 1116 zu einem Italienzug aufzubrechen, um „ihre weit ausgedehnten Eigengüter nach Erbrecht in Besitz zu nehmen"[23]. In der Phase seiner Abwesenheit sollten seine Neffen Friedrich II. von Schwaben und dessen Bruder Konrad gemeinsam mit dem lothringischen Pfalzgrafen Gottfried von Calw das Reich für ihn verwalten, sodass er sie als

---

[21] Freising: Taten Friedrichs, S. 157.
[22] vgl. Dendorfer, Jürgen: Fidi milites? Die Staufer und Kaiser Heinrich V., in: Seibert, Hubertus, Dendorfer, Jürgen (Hrsg.): Grafen, Herzöge, Könige: Der Aufstieg der frühen Staufer und das Reich (1079-1152) (Mittelalter-Forschungen Bd. 18), Ostfildern 2005, S. 213-266 (im Folgenden zitiert als: Dendorfer: Fidi milites?), hier: S. 214.
[23] Ekkehard von Aura: Die Chronik, in: Frutolfs und Ekkehards Chroniken und die anonyme Kaiserchronik, übers. v. Franz-Josef Schmale und Irene Schmale-Ott (Ausgewählte Quellen zur deutschen Geschichte des Mittelalters. Freiherr vom Stein-Gedächtnisausgabe Bd. 15), Darmstadt 1972 (im Folgenden zitiert als: Ekkehard von Aura: Chronik), S.315.

Reichsvikare einsetzte.[24] Unter einem Reichsvikar war ein Stellvertreter zu verstehen, der in einem Interregnum nach dem Tod eines Königs regierte oder aber während der Abwesenheit des Königs diesen vertrat. Der Reichsvikar handelte im Namen des Königs, sein Amt und einige seiner Entscheidungen waren jedoch widerrufbar. Die jeweiligen Vollmachten und Kompetenzen des Stellvertreters wurden zuvor festgelegt. Steuern und Zolleinnahmen finanzierten die Amtsführung. Später wurde ab dem Jahr 1356 in der Goldenen Bulle das Reichsvikariat genauer gesetzlich festgelegt und auf mehrere Verantwortliche verteilt. In Sachsen sollte der Kurfürst von Sachsen, in rheinischen und schwäbischen Landen sowie im Gebiet fränkischen Rechts der Pfalzgraf bei Rhein als Vertreter des Königs fungieren und dessen Aufgaben übernehmen. Darunter fielen sowohl die Rechtssprechung als auch die Einziehung von Einkünften, die Einsetzung in Lehen, Repräsentationsaufgaben und die Entgegennahme von Treueiden. Alle Handlungen und Entscheidungen, die vom Reichsvikar in der Abwesenheit des Königs ausgeführt wurden, mussten im Nachhinein vom König bestätigt werden.[25]

Mit der Verantwortung einer solchen Position und der Erfüllung des königlichen Auftrags war zudem auch eine Steigerung des Ansehens verbunden.[26] Mit der Vertrauensposition, welche die Staufer hier erlangten, schien sich die Königsnähe der Staufer fortzusetzen und die Anbindung an den Kaiser als Grundlage für jegliches Machtstreben zu dienen. Denn der Einsatz der Staufer für den Kaiser beruhte nicht auf selbstloser Loyalität, sondern wurde gezielt zum Ausbau von Besitz und Einfluss genutzt.[27] Erstmals bot sich ihnen „die Möglichkeit selbstständigen politischen Handelns"[28] und eine Stellung, die über einen durchschnittlichen Fürsten hinausging.[29]

4.2.2 Gründe für die Ernennung der Staufer zu Reichsvikaren

Doch warum wurde überhaupt ausgerechnet Friedrich II. von Schwaben und seinem Bruder Konrad die Verwaltung des Reichs überlassen? Jürgen Dendorfer untersucht anhand der Analyse von Zeugenlisten in den Urkunden Heinrichs V. die Präsenz Herzog Friedrichs am Hof bzw. seine Nähe zu Heinrich V., um die Darstellung Otto von Freisings, in der die

---

[24] vgl. Engels: Staufer, S. 17.
[25] vgl. Isenmann, Eberhard: Art. Reichsvikar, - iat, in: LexMa VII, München 1995, Sp. 647f.
[26] vgl. Schreiner: Staufer, S. 10.
[27] vgl. Engels: Staufer, S. 21f.
[28] Waldecker, Christoph: Herzog Friedrich II. von Schwaben als Reichsregent 1116-1118, in: Happ, Sabine; Waldecker, Christoph (Hrsg.): Vergangenheit lebendig machen. Festgabe für Ingrid Heidrich zum 60. Geburtstag von ihren Schülerinnen und Schülern, Bonn 1999 (im Folgenden zitiert als: Waldecker: Reichsregent), S.50-61, hier: S. 50.
[29] vgl. Waldecker: Reichsregent, S. 50.

Stauferbrüder stets unverbrüchlich an der Seite Heinrichs gestanden hätten, zu widerlegen bzw. zu modifizieren. Dabei stellt er heraus, dass Herzog Friedrich II. von Schwaben Heinrich V. wesentlich näher stand als sein Bruder Konrad, er jedoch, wenn er auch zum engsten Kreis des Kaisers zählte, nicht dessen bedeutendster Vertrauter war. Noch andere Große, wie Pfalzgraf Gottfried von Calw und Berengar von Sulzbach erschienen häufiger am Hof Heinrichs V. Zudem seien die Phasen der Präsenz Friedrichs II. von Schwaben in der Nähe des Kaisers sehr schwankend gewesen.[30] Somit waren scheinbar nicht grundsätzlich die Kontinuität einer engen und vertrauten Bindung und eine dementsprechend hoch einzuschätzende Bedeutung der Staufer für den Kaiser gegeben, die eine Ernennung zum Reichsvikar ausreichend begründen würde.

Verschiedene Aspekte waren ausschlaggebend für die Ernennung der Staufer zu den Stellvertretern des Kaisers während dessen Abwesenheit: Einerseits die Nähe zu Heinrich V. durch ihre verwandtschaftliche Beziehung und die Präsenz Herzog Friedrichs II. von Schwaben bei bedeutenden Angelegenheiten des Saliers wie beispielsweise dessen Kaiserkrönung 1111 oder den Verhandlungen in der Investiturfrage, andererseits aber auch die Loyalität und Treue der Staufer, die Heinrich V. dazu veranlassten, ihnen die Verantwortung für das Reich zu übertragen.[31] Denn während Friedrich II. von Schwaben in den ersten Jahren der Herrschaft Heinrichs V. kaum in den Zeugenlisten der kaiserlichen Urkunden vertreten war, sei vor allem der Zeitraum des Italienzuges Heinrichs V. im Jahr 1111 von starker Präsenz geprägt gewesen. Innerhalb des kurzen Zeitraums von nur fünf Jahren zwischen 1111 bis 1116 seien die Belege Friedrichs in den Urkunden des Kaisers signifikant angestiegen.[32] Innerhalb dieser Zeitspanne schien sich die Beziehung zwischen Heinrich V. und insbesondere Friedrich II. von Schwaben intensiviert zu haben, sodass die Position der Staufer zu diesem Zeitpunkt Anlass für eine Vertrauensstellung bot, wie die Stellvertreterschaft sie mit sich brachte.

Ein weiterer Grund ist darin zu sehen, dass Heinrich V. keine adäquaten Alternativen hatte. Während andere Herrscher des Öfteren ihre Söhne als Mitregenten und im Falle ihrer Abwesenheit als Stellvertreter des Reichs einsetzten, stand diese Option dem kinderlosen Salier nicht zur Verfügung. Friedrich II. von Schwaben jedoch als seinen Nachfolger zu designieren und zum Mitregenten zu machen kam jedoch nicht in Frage, da Heinrich V. einerseits noch auf eigene Söhne hoffen konnte und er andererseits für eine solche

---

[30] vgl. Dendorfer: Fidi milites, S. 225-229.
[31] vgl. Waldecker: Reichsregent, S. 51-53.
[32] vgl. Dendorfer: Fidi milites, S. 225-229.

Entscheidung zu diesem Zeitpunkt nicht mit der Zustimmung der Fürsten rechnen konnte. Daher basierte seine Entscheidung, seinen Neffen Friedrich und Konrad die Position als Reichsstellvertreter zuzuweisen, vermutlich auf einer Mischung aus verwandtschaftlicher Nähe, Loyalität und Treue sowie politischem Kalkül.[33]

4.2.3 Das politische und territoriale Wirken der Staufer als Reichsstellvertreter

Mit einer solch bedeutenden Aufgabe betraut, nutzte Friedrich II. von Schwaben die damit einhergehenden Befugnisse und Möglichkeiten. Vom Elsass ausgehend zog er nach Norden und begann damit, sowohl bereits bestehende Burgen und Klöster zu besetzen als auch neue Burgen errichten zu lassen. Daraus resultiert die immer wieder in der Forschung aufgegriffene bildliche Darstellung, Herzog Friedrich habe am Schwanz seines Pferdes stets eine Burg hinter sich hergeschleppt, was sowohl dessen Bautätigkeit und Erfolg als auch seinen Einfluss durch die Burg als Herrschaftssymbol verdeutlicht.[34]

Das Ziel des staufischen Reichsvikariats schien nicht zu sein, „die Fürstenopposition zu bezwingen, wohl aber die territoriale Vorherrschaft des Saliers am oberen Rhein [...] zu behaupten"[35]. Einhergehend mit dem Einsatz für kaiserliche Interessen, stand der Ausbau staufischer Hausmacht. Diese umfasste bis zum Ende der Reichsstellvertreterschaft der Staufer im Jahr 1118 Herrschaften und Güter „in oder um Annweiler, Kaiserslautern, Kirchheimbolanden, Münsterdreisen, Alzey, Nierstein, Oppenheim, Bingen und Boppard"[36], womit sich der Besitz der Staufer großräumig erweitert hatte.

Durch die Verwaltung des Reichs in Abwesenheit des Kaisers boten sich den Staufern weiträumige Handlungsspielräume, die sie nutzten, um einerseits ihre Territorialmacht zu festigen und zu erweitern und ihre Stellung im Verhältnis zum Salier zu bestärken. Es handelte sich um einen entscheidenden Zeitraum für den Aufstieg der Staufer unter Heinrich V.

Jedoch drängt sich die Einseitigkeit dieses von absoluter Loyalität und Treue geprägten Geschichtsbildes, das in der Gesta Frederici formuliert ist und in Betrachtung der Reichsstellvertreterschaft weitergeführt werden kann, dem Leser förmlich auf und eröffnet die Frage nach divergierenden Perspektiven. Denn es wäre durchaus unwahrscheinlich anzunehmen, dass das Verhältnis der Staufer zu Heinrich V. in der gesamten Zeitspanne

---

[33] vgl. Waldecker: Reichsregent, S. 51-54.
[34] vgl. Freising: Taten Friedrichs, S. 153.
[35] vgl. Engels: Staufer, S. 18.
[36] vgl. Engels: Staufer, S. 19.

völlig konfliktfrei und von stetem Einvernehmen geprägt war, ohne das die staufischen Interessen mit denen des Kaisers kollidierten.

4.3. Konflikte in der Chronik Ekkehard von Auras

Ekkehard von Aura erwähnt in seiner Chronik, im Gegensatz zu Otto von Freising, auch die Konflikte, die zwischen den Staufern und Heinrich V. aufkamen. Der Abt des mainfränkischen Klosters Aura war ein zeitgenössischer Autor, der, anders als Otto von Freising, nicht aus späterer Perspektive schrieb und einen weniger voreingenommenen, nichtsdestoweniger ebenfalls subjektiven Blick auf die Ereignisse zeigt, da er an einigen bedeutenden Vorgängen unmittelbar beteiligt war.[37] Die Staufer, die sich lange in der engeren Umgebung des Kaisers befanden und sich für dessen Rechte einsetzten, begannen spätestens ab etwa 1120 sich von diesem zu distanzieren und zunehmend eigene Positionen zu vertreten. Provoziert wurde dies dadurch, dass dem Staufer Konrad das fränkische Herzogsamt entzogen wurde. Daraufhin orientierten sich die Staufer mehr und mehr an den Fürstenkreisen, auch in Opposition zum Salier.[38]

Im Jahr 1121 brach der Konflikt zwischen dem Anspruch Heinrichs V., seine kaiserliche Autorität durchzusetzen und der Forderung der Fürsten nach deutlich stärkerer Einflussnahme auf die Geschicke des Reichs wieder auf. Sie verlangten von Heinrich V. die Einhaltung von Abmachungen zum Wohle des Reichs und die Annahme fürstlicher Ratschläge.[39] Diese Position wurde auch von den Staufern unterstützt, die oftmals vermittelnd agierten, aber zunehmend auch entschieden gegen ihren Onkel, gemeinsam mit anderen Fürsten, ihre Meinung vertraten.

Für das Jahr 1122 beschreibt Ekkehard von Aura, dass Kaiser Heinrich V. in Würzburg einen jungen Mann als Bischof investierte, ohne dass dieses Vorgehen auf kanonische Wahl oder besondere Qualifikation des Kandidaten fußte. Daraus folgte, dass „kein geringer und wie man sagt, der gesündere Teil des Klerus und des Volkes"[40] einen anderen kanonisch wählte. In der Formulierung Ekkehards schwingt dabei bereits eine implizite Kritik am Vorgehen Heinrichs V. mit, wenn er dessen Gegner im Klerus als den gesünderen Teil bezeichnet und somit die Rechtmäßigkeit der Investitur Heinrichs in Frage stellt. In den Streitigkeiten um den geeigneten Kandidaten bezogen auch Herzog Friedrich und sein Bruder Konrad Position und zwar gegen den Kaiser. Sie, „die ohne Erfolg dieser Wahl zustimmten, [waren] gezwungen,

---

[37] vgl. Ekkehard von Aura: Chronik, S. 19.
[38] vgl. Engels: Staufer, S. 23.
[39] vgl. Weinfurter, Stefan: Das Jahrhundert der Salier (1024-1125), Ostfildern 2004, S. 180f.
[40] Ekkehard von Aura: Chronik, S. 355.

sich voller Unwillen von ihrem Oheim und Herrn zu entfernen"[41]. In dieser Wortwahl wird sowohl das Verwandtschafts- und Treueverhältnis zum salischen Herrscher als auch die eindeutige Positionierung konträr zu diesem deutlich. Anders als die Gesta Frederici vorgibt, gab es durchaus Brüche in dem Verhältnis zwischen Heinrich V. und seinen Neffen.

Auf einer Versammlung mit anderen Fürsten beschlossen diese gemeinsam, den Gegenkandidaten Rugger zu bestätigen.[42] Daraus lässt sich schlussfolgern, dass der Einfluss der Fürsten im Reich durchaus imstande war, Entschlüsse des Kaisers anzuzweifeln. Das verdeutlicht, dass sich die Entwicklung zu einer konsensualen Herrschaft im Reich beschleunigte und Heinrich V. zunehmend gezwungen war, die Meinung der Fürsten in seine Handlungen einbeziehen. Diese, wie sich anhand des Verhaltens der Stauferbrüder zeigt, wurden unabhängiger und selbstbewusster in ihrem Auftreten. Auch die Integration der Staufer in die Fürstengemeinschaft war vonstatten gegangen. Sie identifizierten sich mit den Interessen der Fürsten und vertraten diese auch gegen Heinrich V. Eine einseitige Parteinahme für den Kaiser wich einer taktisch orientierten Politik für den Ausbau eigener Interessen.[43]

Der Konflikt konnte in diesem Fall nicht endgültig aufgelöst werden, da Rugger, der Kandidat der Fürsten, zwar zum Bischof der Würzburger Kirche geweiht wurde, aber Gebhard, der Kandidat des Königs, weiterhin über Stadt und Umland verfügte.[44]

Nach 1122 wuchs die Distanz zu Heinrich V. und die Staufer kümmerten sich vorwiegend um die Festigung ihrer Machtbasis im Reich. Die Heirat Friedrichs II. von Schwaben mit der Welfin Judith, sollte die Bindung zwischen den einflussreichen Adelshäusern bestärken. Mit Judith bekam er einen Sohn, den er, wie in seiner Familie üblich, ebenfalls Friedrich nannte und der später als Kaiser Friedrich I. Barbarossa in die Geschichte eingehen sollte.[45]

Eine weitere Konfrontation mit Heinrich V. datiert Ekkehard von Aura auf das Jahr 1124. Während der Abwesenheit des Kaisers hätten „die Wormser [] mit Hilfe des Herzogs Friedrich gegen den Willen des Kaisers ihren Bischof Burchard wieder auf seinen Sitz restituiert"[46]. Auch hier zeigt sich, dass die Staufer immer wieder auch in Gegensätze zu Heinrich V. verwickelt waren und sich zunehmend von ihm distanzierten. Es zeigt sich also,

[41] Ekkehard von Aura: Chronik, S. 355.
[42] vgl. Ekkehard von Aura: Chronik, S. 355.
[43] vgl. Dendorfer: Fidi milites, S. 246-247.
[44] vgl. Ekkehard von Aura: Chronik, S. 356.
[45] vgl. Stürner, Wolfgang: Die Staufer auf dem Weg zur Königswürde - Herzog Friedrich II. von Schwaben und sein Bruder Konrad, in: Gesellschaft für staufische Geschichte e.V. (Hrsg.): Die Staufer und der Norden Deutschlands (Schriften zur staufischen Geschichte und Kunst Bd. 35), Göppingen 2016, S. 170-185 (im Folgenden zitiert als: Stürner: Die Staufer), hier: S. 175.
[46] Ekkehard von Aura: Chronik, S. 369.

dass, anders als die Gesta Frederici suggeriert, durchaus Brüche im Verhältnis zum Kaiser vorhanden waren und die Nähe zum Königshof kritisch betrachtet werden muss.

Die Politik der Staufer unterzog sich im Laufe der Jahre einer Wandlung. Hatte Herzog Friedrich II. von Schwaben zunächst noch in Anbindung an den Kaiser Politik betrieben und dessen Interessen vertreten, nicht ohne auch dabei bereits seinen eigenen Vorteil im Blick zu haben, so begann er schließlich immer mehr Autonomiebestrebungen erkennen zu lassen und sich stärker in den Kreis der Fürsten zu integrieren. Damit distanzierte er sich vom Kaiser und trat gelegentlich auch deutlich in Opposition zu diesem. Seine jeweiligen Haltungen resultierten dabei vielfach aus geltendem Recht und der Weigerung, Heinrich V. bei unhaltbaren Positionen zu unterstützen. Der Staufer übernahm als Großer des Reiches Verantwortung und etablierte sich als feste Größe im Reich. Sein Verhalten musste im Reich zunehmend Anerkennung finden, was in Bezug auf die Ambitionen des Staufers, möglicher Nachfolger Heinrichs V. zu werden, keine unbedeutende Rolle spielte. Dadurch, dass Heinrich V. keine eigenen Söhne hatte, blieb die Frage nach einem Nachfolger offen und der Staufer konnte sich sowohl durch seine verwandtschaftliche Nähe zum Salier als auch durch seine Positionierung als verantwortlicher Großer im Kreis der Fürsten in seiner Politik der letzten Jahre der Herrschaft Heinrichs V. als potenzieller Anwärter in Stellung bringen und berechtigte Hoffnungen darauf hegen, die Königswürde zu erlangen. Diese Überlegungen hatten vermutlich auch seine Politik gegenüber Heinrich V. zunehmend beeinflusst.[47]

4.5. Konrad als Herzog von Ostfranken

Konrad, der jüngere Bruder Friedrichs II. von Schwaben und der spätere König Konrad III., macht zunächst kaum auf sich aufmerksam. Quellen und Forschung verhalten sich bemerkenswert still in Bezug auf die frühen Jahre des Staufers unter Heinrich V., in denen sein älterer Bruder wesentlich größere Beachtung findet. Dennoch spielt auch Konrad eine bedeutende Rolle für den Aufstieg der Staufer, im Besonderen mit Blick auf das fränkische Herzogtum.

Dort standen die ostfränkischen Bischöfe Erlung von Würzburg und Otto von Bamberg zunächst lange Zeit an Seiten Heinrichs V. und bewiesen in ihrer Unterstützung für den Salier ihre Kaisertreue. Dadurch, dass sie ihren Einfluss ungefährdet ausüben konnten und keine

---

[47] vgl. Dendorfer: Fidi milites, S. 256-263.

radikal reformerischen Ambitionen hegten, gab es keine ausreichenden Motive für einen Wechsel zur Opposition.[48]

Im Jahr 1116 fand jedoch eine Zäsur statt und ein Konflikt zwischen dem Kaiser und Erlung von Würzburg zeichnete sich ab, denn der Bischof, der zuvor noch als Gesandter Heinrichs V. tätig war, weigerte sich bei seiner Rückkehr, „mit dem Gemeinschaft zu haben, der ihn gesandt hatte"[49]. Nur unter Zwang feierte Erlung von Würzburg mit dem Kaiser die Messe. Konsequenz dieses Verhaltens war, dass er seitdem „des Kaisers Anblick und Gnade entbehrte"[50]. Das Verhältnis zwischen dem ostfränkischen Bischof und dem Kaiser hatte sich dadurch enorm verschlechtert. Erlung von Würzburg hatte mit diesem Verhalten in gewisser Weise die Autorität des Kaisers infrage gestellt, wenn er dessen Gesellschaft verweigerte, was dieser keinesfalls gutheißen konnte.

Daraufhin wurde der Staufer Konrad zum Herzog von Franken ernannt, ein Herzogtum, das bis dahin faktisch gar nicht mehr existierte. Lediglich herzogliche Rechte, die der Würzburger Bischof ausübte, waren darunter zu fassen, sodass die Herzogswürde, die Konrad übertragen wurde, auf eine Ablösung der Rechte Erlungs von Würzburg in Ostfranken fußte.[51] Der Unterschied zwischen den Rechten der Würzburger Kirche in Ostfranken und der Stellung Konrads lag lediglich in der durch den König vorgenommenen offiziellen Verleihung des Herzogtitels an den Staufer, wodurch erst ein ostfränkisches Herzogtum legitimiert wurde.[52]

Das Einflussgebiet Konrads, das damit Würzburg, Bamberg und Nürnberg umfasste, war eine für das Königtum wichtige Einflusszone, da sie das Rheinland und Sachsen, wo sich die Opposition konzentrierte, voneinander trennte. Konrad oblag nun die Aufgabe, in Ostfranken die salischen Interessen zu wahren.[53] Die ostfränkischen Bischöfe jedoch waren nun in ihrer Machtstellung und Einflusssphäre in erheblichem Maße bedroht und wandten sich zunehmend von Heinrich V. ab.[54] Mit den neu erlangten Befugnissen ausgestattet, erweiterten sich die Machtbasis und der territoriale Rückhalt des Staufers enorm und seine Bedeutung in Ostfranken wuchs beträchtlich; so fiel Konrad unter anderem auch die Kochergaugrafschaft zu. Diese wurde ihm entweder offiziell vom König verliehen als der alte Graf Heinrich verstarb oder aber Konrad missachtete selbstverantwortlich anderweitige Ansprüche. Eine

---

[48] vgl. Lubich, Gerhard: Auf dem Weg zur „Güldenen Freiheit". Herrschaft und Raum in der Francia orientalis von der Karolinger- zur Stauferzeit (Historische Studien Bd. 449), Husum 1996 (im Folgenden zitiert als: Lubich: Francia orientalis), S. 149.
[49] Ekkehard von Aura: Chronik, S. 317.
[50] Ekkehard von Aura: Chronik, S.317.
[51] vgl. Engels: Staufer, S. 18.
[52] vgl. Lubich: Francia orientalis, S. 161f.
[53] vgl. Engels: Staufer, S. 18.
[54] vgl. Lubich: Francia orientalis, S. 166.

weitere Möglichkeit besteht darin, dass die Staufer den Besitz tatsächlich rechtmäßig geerbt und besessen haben, ohne zusätzlich erfolgte königliche Verleihung, aufgrund einer frühen Ehe Konrads. Letztendlich sind die genauen Umstände jedoch nicht abschließend aufzuklären.[55] Dadurch, dass das Kochergau nah an staufischen Hausgut gelegen war, bot sich eine gute Ausgangsposition zur Erweiterung des staufischen Einflusses. Fraglich ist jedoch „ob nach dem Aussterben der Comburg-Rothenburger auch deren Vogteien wie Reichsregal behandelt und Konrad übertragen wurden oder nicht"[56].

Während es Friedrich II. von Schwaben jedoch gelang, die kaiserliche Autorität in den von ihm kontrollierten Gebieten zu wahren und gleichzeitig die staufischen Interessen entschieden zu vertreten, gelang Konrad dies in Ostfranken zur bedingt, wenn auch in der Bewertung ihrer Leistungen zu bedenken bleibt, das Konrad schwierigeren Voraussetzungen unterlag.

Im Jahr 1120 kam es schließlich zur Aussöhnung zwischen Heinrich V. und dem Bischof Erlung von Würzburg, womit die Restitution des Bischofs in seine Rechte verbunden war. Damit einhergehend verlor der Staufer Konrad zwangsläufig die Legitimation seines Herzogtums in Ostfranken.[57] Dennoch blieben Konrad Besitzungen in Ostfranken und damit eine weiterhin bestehende Machtgrundlage, den Anspruch auf „umfassende Herrschaft"[58] musste er jedoch aufgeben.

Gemeinsam mit seinem Bruder, begann sich Konrad von Heinrich V. zu distanzieren und, wie bereits dargestellt, unter anderem im Würzburger Bischofsstreit 1122 auf Seiten der Fürsten gegen den Kaiser Position zu beziehen. Damit erfuhr auch das Verhältnis zwischen ihm und Heinrich V. eine Wendung und zunehmenden Abstand.

Im Jahr 1124 brach Konrad schließlich zu einer Pilgerfahrt nach Jerusalem auf. Laut Ekkehard von Aura war der Auslöser dieser Entscheidung eine „Mondfinsternis"[59], die ihn zu einer derartigen Veränderung in seinem Leben veranlasste. Sein Erschrecken über das Phänomen soll zu dieser Wandlung geführt haben. Entscheidend ist jedoch, dass dieses Vorgehen „ihm ziemlich große Gunst verschaffte bei allen, die davon hörten. Einige, die sich vorher mit Eifer der Nichtswürdigkeit hingegeben hatten, versprachen sogar, sich seiner Begleitung anzuschließen"[60]. Diese Formulierung bei Ekkehard deutet darauf hin, dass dem Entschluss der Pilgerfahrt letztendlich vermutlich weniger das symbolhafte Phänomen der

---

[55] vgl. Lubich: Francia orientalis, S. 170f.
[56] Lubich: Francia orientalis, S. 176.
[57] vgl. Lubich: Francia orientalis, S. 179f.
[58] Lubich: Francia orientialis, S. 186.
[59] Ekkehard von Aura: Chronik, S. 365.
[60] Ekkehard von Aura: Chronik, S. 365.

Mondfinsternis als vielmehr das Bestreben nach Anerkennung und dem Aufbau von Gefolgsleuten zugrunde lag. Die Etablierung als feste Größe im Reich und die Sicherung von Loyalität erscheint als zentrales Element während des Aufstiegs der Staufer. Auch die Entscheidung zur Pilgerfahrt könnte als taktisches Mittel zur Stärkung der eigenen Person und der staufischen Interessen im Reich gedeutet werden.

Erst nach drei Jahren kehrte Konrad wieder aus Jerusalem zurück, sodass er beim Tod Heinrichs V. und der Niederlage seines Bruders bei der Königswahl 1125 nicht anwesend war.[61]

5. Der Tod Heinrichs V. und die mögliche Nachfolge Friedrichs II. von Schwaben

Wie im bisherigen dargestellt, hatten sich die Staufer innerhalb kurzer Zeit, insbesondere unter Heinrich V. eine bedeutende Stellung im Reich erarbeitet, ihre Territorien erweitert, Verwandtschaftsbeziehungen geknüpft und innerhalb der Fürstengemeinschaft eine hervorstechende und anerkannte Position bezogen. Die Vollendung des Aufstiegs der Staufer mit der Erlangung der Königswürde in Nachfolge des Saliers schien schließlich greifbar nah, als Heinrich V. im Jahr 1125, bevor er an einer Krankheit starb, Herzog Friedrich II. von Schwaben laut Ekkehard zu seinem Erben bestimmte:

> „Er [...] vertraute sein Eigentum und die Königin Friedrich als seinem Erben an; die Krone und die übrigen Abzeichen des Königs sollten nach seiner Anordnung bis zur Versammlung der Fürsten in einer absolut sicheren Burg, dem Trifels, aufbewahrt werden"[62].

Die Tatsache, dass Heinrich V. Friedrich zu seinem Erben bestimmte, ließ dessen Nachfolge wahrscheinlich wirken und verdeutlicht nochmals die Verbindung zwischen Saliern und Staufern. Friedrich II. von Schwaben konnte sich aufgrund seiner Verwandtschaft und seiner Position im Reich durchaus Hoffnungen auf die Königswürde machen. Andererseits ist nichts von einer offiziellen Designation überliefert und auch die Insignien sollten bis zur Zusammenkunft der Fürsten verwahrt werden. Damit erkannte Heinrich V. den Einfluss der Fürsten an und überließ ihnen die Verantwortung für die Wahl des Königs. Allerdings war

---

[61] vgl. Stürner: Die Staufer, S. 175.
[62] Ekkekard von Aura: Chronik, S. 375.

Friedrich als Erbe eingesetzt worden und sollte die salische Tradition fortsetzen, woraus er seinen Anspruch auf die Königswürde herleitete.[63]

Jedoch ist anzumerken, dass die Söhne aus der zweiten Ehe von Agnes, der Mutter des Schwabenherzogs, den gleichen Verwandtschaftsgrad mit Heinrich V. aufwiesen wie Friedrich. Demnach hätten auch diese, wenn die verwandtschaftliche Nähe als Legitimationsgrundlage für den Thronanspruch angeführt wird, einen ebensolchen anmelden können. Jedoch schienen die Söhne von Agnes und dem Markgrafen Leopold III. von Österreich weder als Kandidaten für das salische Erbe noch für die Nachfolge Heinrichs V. in Betracht gekommen zu sein. Der Unterschied zwischen den Staufern und ihren Halbgeschwistern mag darin bestanden haben, dass sich Erstere innerhalb des Reiches eine völlig andere Machtbasis aufgebaut hatten, die dazu geeignet war, im Kreis der Fürsten weitergehende Herrschaftsansprüche geltend zu machen.[64]

Letztendlich konnte Friedrich II. von Schwaben diese Ansprüche jedoch nicht durchsetzen und erst seinem Bruder Konrad gelang einige Jahre später die Königswürde zu erlangen und damit den Aufstieg der Staufer zu einem erfolgreichen Abschluss zu bringen und eine Dynastie zu begründen.

---

[63] vgl. Weinfurter, Stefan: Das Jahrhundert der Salier (1024-1125), Ostfildern 2004, S. 187.
[64] vgl. Engels: Staufer, S. 24f.

6. Fazit

Der Weg der Staufer zum Königsthron verlief nicht reibungslos, zahlreiche Widrigkeiten mussten auf dem Weg zur Macht überwunden werden. Doch letztendlich gelang es der Familie, innerhalb kürzester Zeit von einem relativ unbekannten, unbedeutenden Adelsgeschlecht den Aufstieg zu den Herrschern des mittelalterlichen deutschen Reiches zu meistern. Die Grundlagen ihrer Machtkonsolidierung wurden von Friedrich I. von Schwaben unter Heinrich IV. gelegt und gründeten sich auf eine enge Nähe zum Königshaus und verwandtschaftliche Verbindung. Die Vertrautheit zwischen Saliern und Staufern setzte sich in der nachfolgenden Generation zunächst fort und vor allem Herzog Friedrich II. von Schwaben nahm den Platz seines Vaters ein und wurde in den Anfangsjahren enger Vertrauter Heinrichs V. und betrieb seine Politik in Vertretung königlicher Interessen. Kennzeichnend war eine gegenseitige Abhängigkeit in Form dessen, das die Staufer zur Mitherrschaft in Hinsicht auf die salische Territorialbasis Frankens tendierten, während Heinrich V. dazu neigte, die Sicherung der eigenen Ansprüche mit staufischer Unterstützung durchzusetzen. Die Reichsstellvertreterschaft war ein zentrales Element dieser Vorgehensweise. Gleichzeitig gelang es den Staufern, sich zunehmend unabhängiger zu präsentieren, Besitz und Einfluss kontinuierlich zu erweitern und sich als Große im Kreis der Fürsten zu etablieren. Zunehmend autonom begannen sie sich aus der Abhängigkeit von Heinrich V. zu lösen und auch in Opposition zu diesem zu treten. Innerhalb der Fürstengemeinschaft nahmen sie durchaus Führungsrollen ein. Die Kontinuität der Gefolgschaft Friedrich II. von Schwaben gegenüber Heinrich V. als dessen treuester Anhänger, die Otto von Freising suggeriert, war in dieser Art und Weise nicht gegeben. Immer wieder gab es Brüche im Verhältnis zwischen dem Schwabenherzog und dem Salier. Die Stauferbrüder distanzierten sich von ihrem Onkel und gingen ihre eigenen Wege, agierten gelegentlich sogar bewusst gegen den königlichen Willen. Der Konsens der Fürsten erlangte zur Zeit Heinrichs V. große Bedeutung, was sich auch im Verhalten der Staufer widerspiegelte. Als Heinrich V. starb, hatten die Staufer ein beträchtliches Maß an Macht, Besitz und Ansehen angehäuft. Sowohl im Rahmen der Reichsstellvertreterschaft als auch in ihrer allgemeinen Territorialpolitik gelang es Friedrich II. von Schwaben in den ihm anvertrauten Gebieten, ebenso wie auch seinem Bruder Konrad in Ostfranken, den staufischen Einfluss und Besitz in strategisch sinnvoller Weise zu erweitern und zu verteidigen. Ihre Stellung im Reich und ihre verwandtschaftliche Nähe zu dem verstorbenen Kaiser ließen Ansprüche auf die Königswürde erwachsen. Heinrich V., der kinderlos geblieben war, bestimmte Friedrich letztendlich sogar zu seinem Erben, überließ die endgültige Königswahl jedoch den Fürsten.

7. Quellen- und Literaturverzeichnis

7.1. Quellenverzeichnis

Bischof Otto von Freising und Rahewin: Die Taten Friedrichs oder richtiger Cronica, übers. von Adolf Schmidt, hg. von Franz-Josef Schmale (Ausgewählte Quellen zur deutschen Geschichte des Mittelalters / Freiherr vom Stein-Gedächtnisausgabe 17), Darmstadt 1965.

Ekkehard von Aura: Die Chronik, in: Frutolfs und Ekkehards Chroniken und die anonyme Kaiserchronik, übers. v. Franz-Josef Schmale und Irene Schmale-Ott (Ausgewählte Quellen zur deutschen Geschichte des Mittelalters. Freiherr vom Stein-Gedächtnisausgabe Bd. 15) , Darmstadt 1972.

Otto Bischof von Freising: Chronik oder Die Geschichte der zwei Staaten, hg. v. Walther Lammers, übers. v. Adolf Schmidt, (Ausgewählte Quellen zur deutschen Geschichte des Mittelalters. Freiherr vom Stein-Gedächtnisausgabe Bd. 16), Darmstadt 1961.

7.2. Literaturverzeichnis

Akerman, Manfred: Die Staufer. Ein europäisches Herrschergeschlecht, Stuttgart 2003[3].

Dendorfer, Jürgen: Fidi milites? Die Staufer und Kaiser Heinrich V., in: Seibert, Hubertus, Dendorfer, Jürgen (Hrsg.): Grafen, Herzöge, Könige: Der Aufstieg der frühen Staufer und das Reich (1079-1152) (Mittelalter-Forschungen Bd. 18), Ostfildern 2005, S. 213-266.

Engels, Odilo: Die Staufer, Suttgart/Berlin/Köln 1998.

Görich, Knut: Die Staufer. Herrscher und Reich, München 2011[3].

Isenmann, Eberhard: Art. Reichsvikar, -iat, in: LexMa VII, München 1995.

Lubich, Gerhard: Auf dem Weg zur „Güldenen Freiheit". Herrschaft und Raum in der Francia orientalis von der Karolinger- zur Stauferzeit (Historische Studien Bd. 449), Husum 1996.

Schreiner, Klaus: Die Staufer als Herzöge von Schwaben, in: Wüttembergisches Landesmuseum Stuttgart (Hrsg.): Die Zeit der Staufer. Geschichte - Kunst - Kultur, Stuttgart 1977, S.7-19.

Schwarzmaier, Hansmartin: Die Welt der Staufer. Wegstationen einer schwäbischen Königsdynastie, Leinfelden-Echterdingen 2009.

Stürner, Wolfgang: Die Staufer auf dem Weg zur Königswürde - Herzog Friedrich II. von Schwaben und sein Bruder Konrad, in: Gesellschaft für staufische Geschichte e.V. (Hrsg.): Die Staufer und der Norden Deutschlands (Schriften zur staufischen Geschichte und Kunst Bd. 35), Göppingen 2016, S. 170-185.

Waldecker, Christoph: Herzog Friedrich II. von Schwaben als Reichregent 1116-1118, in: Happ, Sabine; Waldecker, Christoph (Hrsg.): Vergangenheit lebendig machen. Festgabe für Ingrid Heidrich zum 60. Geburtstag von ihren Schülerinnen und Schülern, Bonn 1999, S.50-61

Weinfurter, Stefan: Das Jahrhundert der Salier (1024-1125), Ostfildern 2004.